英語はイギリス、アメリカ、

オーストラリアのほか、

アジア、アフリカ、

カリブ海や太平洋の島々など、

世界中でたくさんの人につかわれている言葉です。

英語をしっていると、とても便利。
海外から日本にきた旅行者を案内したり、
海外旅行で地元の人と友だちになったり…。

世界のさまざまな人と
交流するきっかけになるでしょう。

アルファベット表をみて

大文字	小文字		大文字	小文字		大文字	小文字
A	a		B	b		C	c
（読み方）えい			びー			すぃー		

G	g		H	h		I	i
ぢー			えいち			あい		

M	m		N	n		O	o
えむ			えん			おう		

S	s		T	t		U	u
えす			てぃー			ゆー		

Y	y		Z	z
わい			ずぃー・ぜっど	

10

英語でつかう文字を、アルファベットといい、A（**えい**）からZ（**ずぃー**）まで、26文字あります。

A（**えい**）からZ（**ずぃー**）までの26文字には、それぞれ大文字と小文字の2種類があります。上の表のそれぞれの左側が大文字で、右側が小文字です。これらの文字をつかって単語をあらわします。

駅や列車でみかける ABC
その① 車体ロゴマーク編

ななつ星 in 九州のマーク。"seven（せぶん）"は数字の「7」、"star（すたー）"は「星」。"stars（すたーず）"の最後の"s（えす）"は星が2つ以上あるときにつけます。

小海線をはしるHIGH RAIL1375。「高さ」をしめす"high（はい）"、「線路」の"rail（れいる）"、JR線標高最高地点の1375mがくみあわさった名前です。

富士急行の富士山ビュー特急の車体にもアルファベットがかかれています。

篠ノ井線・大糸線を中心に運行している、リゾートビューふるさとのハイブリッド気動車です。

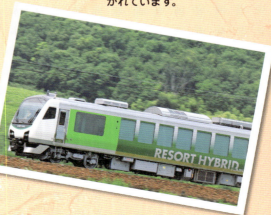

Lesson 1

AからZまでおぼえよう！

鉄道にちなんだA（えい）からZ（ずぃー）までの言葉をあつめたよ。
どんな言葉があるか、みてみよう！

大文字	小文字

アルファベットの読み方
えい

えあぽーと
airport

日本語の意味 ▶ ### 空港

上の写真の列車は…

成田エクスプレス

成田空港と首都圏各地をむすびます。空港と都市の中心部をむすぶ電車は、京成スカイライナーや南海ラピートなど各地にあり、外国人旅行者にもわかりやすいよう外国語による案内が多くみられます。

14

大文字（おおもじ） 小文字（こもじ）

アルファベットの読み方
びー

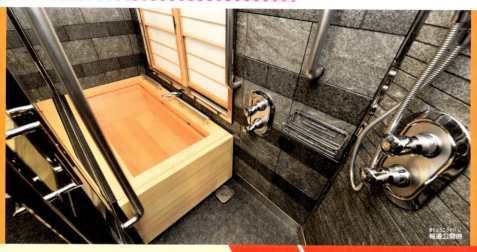

報道公開時

bath（ばす）

日本語の意味 ▶ **浴室**（よくしつ）

上の写真の列車は…

TRAIN SUITE 四季島（しきしま）

団体旅行専用の豪華列車、トランスイート四季島。最上級の客室には、浴槽がそなえられた風呂場があります。西日本エリアで活躍するトワイライトエクスプレス瑞風にも風呂つきの客室があります。

大文字	小文字

アルファベットの読み方
すいー

clock
くろっく

日本語の意味 > **時計**
とけい

上の写真は… 駅やホームの時計

駅にはかならず時計があります。いろいろな形の時計があるのでさがしてみましょう。運転士も正確な時間をしるため、右のような懐中時計をもっていますが、こちらは watch（**うぉ**っち）といいます。

大文字（おおもじ） D 小文字（こもじ） d

アルファベットの読み方
でぃー

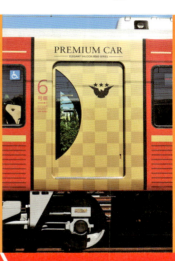

ど　あ
door

日本語の意味 ▶ とびら **扉**

📓 上の写真の列車は…

京阪8000系プレミアムカー

座席指定の特別車両がくみこまれたプレミアムカー。扉も他の車両より大きくつくられています。列車に乗客が乗り降りするときにつかうドアは、片開き、両開き、ボタンをおして乗り降りするものなどいろいろなタイプがあります。

17

大文字	小文字

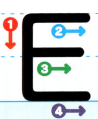

アルファベットの読み方
いー

えぐずぃと
exit

日本語の意味 ＞ で ぐち
出口

上の写真は…

ホームの案内板

出口の表示がないと、どこから駅の外へでられるのかわからずまよってしまいます。南口や北口といった表示にも exit（えぐずぃと）がつかわれます。ちなみに、入り口は entrance（えんとぅらんす）です。

大文字	小文字	アルファベットの読み方
		えふ

ふーど
food

日本語の意味 ▶ **食べ物**

上の写真の列車は…

伊予灘ものがたり

予讃線の観光列車です。列車内での食事といえば駅弁がおもいうかびますが、最近では、豪華な食事を楽しめるレストラン列車が全国各地で活躍しています。列車ごとに特徴をだしたオリジナルメニューが人気です。

大文字（おおもじ）	小文字（こもじ）	アルファベットの読み方（よみかた）
		ぢー

ぎふと しょっぷ gift shop

日本語の意味 ▶ みやげや

 駅構内（えきこうない）のみやげや

土地（とち）それぞれの名産品（めいさんひん）などがおいてあります。gift（ぎふと）は他（ほか）の人（ひと）にプレゼントするおみやげで、自分用（じぶんよう）のおみやげ・記念品（きねんひん）は souvenir（すーべにあ）といいます。

大文字	小文字	アルファベットの読み方

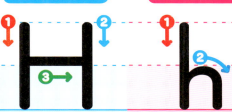

えいち

head light 　日本語の意味　前照灯

上の写真の列車は…
E7系・W7系かがやき

東京〜金沢間をむすぶ北陸新幹線。列車の先頭車両にはヘッドライト、一番後ろの車両には赤いテールライト（右の写真）がついています。head（**へっど**）は頭、tail（**ている**）は尾、light（**らいと**）は光を意味します。

大文字	小文字

アルファベットの読み方
あい

information

いんふぉめいしょん

日本語の意味 ▶ **案内所** (あんないじょ)

上の写真は…

駅の案内所

列車の乗り場、乗り換え、発車、到着の案内のほか、駅の近くの道案内もしてくれます。英語、中国語など外国語による案内もおこなわれており、外国人旅行者にとっても強い味方です。

東京駅構内にあるトラベルサービスセンター

アルファベットの読み方
ぢぇい

じゃぱん　れいるうぇい
japan railway

日本語の意味　**日本　鉄道**

E3系とれいゆつばさ

ＪＲはJapan（じゃぱん）Railway（れいるうぇい）を短くした呼び名からつけられました。ＪＲの前にEast（いーすと）をつければＪＲ東日本、West（うぇすと）をつければＪＲ西日本、Central（せんとぅらる）をつけるとＪＲ東海をあらわします。

23

大文字	小文字

アルファベットの読み方
けい

きちん
kitchen

日本語の意味 ▶ だいどころ **台所**

上の写真の列車は…

52席の至福

都心から埼玉県の秩父にむかう西武鉄道のレストラン列車「52席の至福」には専用のキッチンをそなえた車両が連結されています。食事をつくる様子を通路からみえるようにして、お客さんを楽しませます。

アルファベットの読み方
える

line　日本語の意味　**線**

上の写真は…

駅の乗り換え案内板

中央線、山手線などの「線」にあたる言葉が line（らいん）です。都会には多くの路線があってわかりにくいので、路線の色をきめて案内することが多くあります。これを英語で line（らいん）color（からー）といいます。

大文字	小文字

アルファベットの読み方
えむ

みゅずいあむ
museum

日本語の意味 ▶ **博物館**

上の写真は…
京都鉄道博物館

鉄道博物館は、railway（れいるうぇい）museum（みゅずいあむ）といいます。昔の車両を見学したり、鉄道のしくみなどをまなべるほか、模型や列車の運転台もあって一日中楽しめます。

大文字(おおもじ)	小文字(こもじ)

アルファベットの読(よ)み方(かた)
えん

SHINKANSEN series N700 Advanced

N700A(えぬ)(えー) (new(にゅー))　日本語(にほんご)の意味(いみ)　新(あたら)しい

上(うえ)の写真(しゃしん)の列車(れっしゃ)は…

N700A(えぬ)(えー)(N700系(えぬ)(けい))

東海道新幹線(とうかいどうしんかんせん)の主力車両(しゅりょくしゃりょう)です。700系車両(けいしゃりょう)をベースに改良(かいりょう)をくわえたので、新(あたら)しいという意味(いみ)のnew(にゅー)の頭文字(かしらもじ)であるN(えん)をつけてN700系(えぬ)(けい)とよばれます。次世代(じせだい)の車両(しゃりょう)という意味(いみ)もあるので「次(つぎ)の」のnext(ねくすと)のN(えん)もあらわしています。

27

大文字	小文字

アルファベットの読み方
おう

おぅぷん
open

日本語の意味 〉 **あける**

車両ドア横の押しボタン

郊外へゆく列車の一部では、上の写真のような自分でボタンをおして開け閉めするドアがつかわれることがあります。外国人旅行者にもわかるように、「あける」open（**おぅぷん**）と「しめる」close（**くろ**うず）という表示があります。

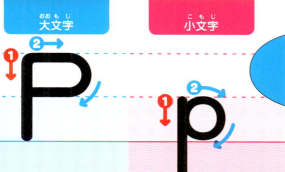

アルファベットの読み方
ぴー

ぷらっとふぉーむ
platform

日本語の意味 〉 ホーム

駅のホーム

列車に乗り降りする場所を英語で platform（ぷらっとふぉーむ）といいます。ちなみに、1番線、2番線をあらわすときは、track（とらっく）no.（なんばー）1（わん）のように「線路」という意味の track（とらっく）をつかいます。

イタリア・テルミニ駅の行き先案内板

大文字	小文字	アルファベットの読み方
		**きゅー**

くゎぃえと
quiet

> 日本語の意味 → **静かな**

 寝台列車の車内

列車内では、周りの人の迷惑にならないよう、静かにするのがマナー。夜間もはしりつづける寝台列車ではなおさらです。ドイツには、特に静かにすごしたい人のために quiet（くゎぃえと）zone（ぞーん）を用意している列車があります。

quiet（**くゎぃえと**）zone（**ぞーん**）をしめすマーク。
Psst は「しーっ（お静かに！）」という意味です

30

 大文字

 小文字

アルファベットの読み方
あー

れ す とぅ る ー む
restroom

日本語の意味 ＞ **トイレ**

 上の写真は…

駅の化粧室（トイレ）

トイレをあらわす英語には toilet（といれっと）もありますが、公共の施設のトイレをあらわす言葉としてよくつかうのは rest（れすとぅ）room（るーむ）です。rest（れすと）はやすむ、room（るーむ）は部屋という意味の言葉です。

大文字	小文字

アルファベットの読み方
えす

すていしょん
station

日本語の意味 ＞ えき
駅

上の写真は… **東京駅の看板**

station（すていしょん）という言葉はガソリンスタンド「gas（がす）station（すていしょん）」のように駅以外にもつかうので、アメリカでは駅のことをtrain（とれいん）station（すていしょん）ということもあります。

32

大文字	小文字	アルファベットの読み方
		てぃー

timetable
日本語の意味 ▶ 時刻表
（たいむていぶる）　　　　　　　（じこくひょう）

駅の時刻表

列車の出発時刻がわかる時刻表。海外でも駅には時刻表があります。日本では本の形の時刻表は簡単に手にはいりますが、欧米諸国などでは時刻表をかおうとすると苦労することが多いです。

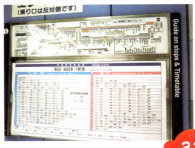

33

大文字

小文字

アルファベットの読み方
ゆー

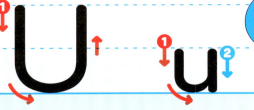

up 日本語の意味 **上へ**
あぷ　　　　　　　　　　　　うえ

上の写真は…

駅の階段でみられる表示

階段などをあがることは up（**あぷ**）、おりることは down（**だうん**）といいます。日本で列車の方面をあらわす時につかう「上り・下り」には、up と down はほとんどつかわず、Osaka bound（**ばうんど**）「大阪行き」のように具体的な地名で表示されます。

| 大文字(おおもじ) | 小文字(こもじ) |

アルファベットの読(よ)み方(かた)
ずぃー

ずゅー
view

日本語(にほんご)の意味(いみ) 景色(けしき)・眺(なが)め

上(うえ)の写真(しゃしん)は…
車窓(しゃそう)からの眺(なが)め

日本(にっぽん)の車窓(しゃそう)は海(うみ)あり山(やま)ありで変化(へんか)が多(おお)く、外国人旅(がいこくじんりょ)行者(こうしゃ)にも人気(にんき)があります。北海道(ほっかいどう)の狩勝峠(かりかちとうげ)、長野県(ながのけん)の姨捨(おばすて)、鹿児島県(かごしまけん)の霧島連山(きりしまれんざん)(矢岳越(やたけご)え)は三大車(さんだいしゃ)窓(そう)として有名(ゆうめい)です。写真(しゃしん)のように大(おお)きな窓(まど)から景色(けしき)を楽(たの)しめる観光列車(かんこうれっしゃ)もあります。

大文字	小文字

アルファベットの読み方
だぶりゅー

window
うぃんどう

日本語の意味 ▶ 窓（まど）

上の写真は…

南海ラピートの窓

南海ラピートの窓は丸い形が特徴的で目をひきます。window（うぃんどう）は指定席の表示で窓側をあらわすときにもつかわれています。列車にのるときは注意してみましょう。

| 大文字（おおもじ） | 小文字（こもじ） |

アルファベットの読（よ）み方（かた）
えっくす

まっくす
max

日本語（にほんご）の意味（いみ） ＞ 最高（さいこう）・最大限（さいだいげん）

上（うえ）の写真（しゃしん）の列車（れっしゃ）は…

グリーンムーバーマックス

広島電鉄（ひろしまでんてつ）の路面電車（ろめんでんしゃ）として活躍（かつやく）するグリーンムーバーマックス。従来（じゅうらい）の車両（しゃりょう）を改良（かいりょう）し、最大限（さいだいげん）の快適（かいてき）さ・便利（べんり）さをめざしたことからmax（まっくす）がつきました。なお「X（えっくす）」ではじまる英語（えいご）の言葉（ことば）はとても少（すく）なく、最後（さいご）につくことが多（おお）いです。

大文字 (おおもじ)	小文字 (こもじ)

アルファベットの読み方
わい

yellow (いえろう)

日本語の意味 ▸ **黄色**(きいろ)

上の写真の列車は…

923形(がた)ドクターイエロー

ドクターイエローは、新幹線(しんかんせん)のお医者(いしゃ)さんとして有名です。なかなかであえないため、みられると幸福(こうふく)になるといわれています。京急電鉄(けいきゅうでんてつ)のイエローハッピートレイン(右(みぎ)の写真(しゃしん))など黄色(きいろ)い電車(でんしゃ)は各地(かくち)で人気(にんき)です。

38

大文字(おおもじ)	小文字(こもじ)
Z	z

アルファベットの読(よ)み方(かた)
ずぃー・ぜっど

ず ー ZOO	日本語(にほんご)の意味(いみ)	**どうぶつえん** 動物園

上(うえ)の写真(しゃしん)の列車(れっしゃ)は…

上野動物園(うえのどうぶつえん)モノレール

Z（**ずぃー**）はアルファベットで最後(さいご)の字(じ)です。東京(とうきょう)の上野動物園(うえのどうぶつえん)にはモノレールがあります。正式(せいしき)には上野懸垂線(うえのけんすいせん)といい、日本(にっぽん)で最初(さいしょ)に開業(かいぎょう)したモノレールです。

駅や列車でみかける **ABC**
その❷ 駅編

てぃけっつ
tickets

せいさんき
精算機
ふぇあ あじゃすとめんと
ましーん
fare adjustment machine

わすれもの うけたまわ じょ
お忘れ物 承り所
ろすと あんど ふぁうんど
lost & found

みたこと
ある？

まち あ ば しょ
待ち合わせ場所
うぇいてぃんぐ えりあ
waiting area

えれべいたー
elevator

Lesson 2
英語の言葉にしたしもう！

色の名前や方角など、
ふだんつかえる英単語を
おぼえちゃおう！

色(いろ)

カラフルな列車と一緒に、色をあらわす英語をおぼえよう
列車名にヒントがかくれていることもあるよ。

山陽本線227系 レッドウィング
広島を中心にはしる通勤電車。「もみじ」や広島東洋カープにちなみ、赤をつかっています。

EF510形 レッドサンダー
大阪から日本海側を青森まではしる路線で貨物列車をひく電気機関車。

red (あか)

西武鉄道 レッドアロークラシック
昔の西武特急の色を再現し、赤い帯をいれました。アローは"矢"をあらわします。

キハ185系ゆふ
JR九州をはしるディーゼル特急です。

名鉄3500系
パノラマカー以来、名鉄電車は真っ赤な色をつかっています。

E6系 こまち
秋田の伝統色の赤(あかね色)があざやかです。

南海ラピート 50000系
関西空港へむかう特急電車。

EH200形 ブルーサンダー
中央本線、上越線など坂の多い路線をはしる電気機関車。

blue
青

伊豆急行 ザ・ロイヤル エクスプレス
横浜と伊豆をむすぶ豪華観光列車。生演奏をききながら食事ができます。

883系 ソニック
JR九州初の振り子式特急。
ソニックは"音速の"という意味です。

京急 ブルースカイトレイン
羽田空港の空と三浦半島の海をあらわす青い電車です。

43

orange おーりんぢ
橙 だいだい

783系 ハウステンボス
登場してから何回も色がかわり、2017年春からはオレンジ色の車両になりました。

中央線 E233系
車体にひかれたオレンジ色の帯は中央線のラインカラーです。

green ぐりーん
緑 みどり

E5系 はやぶさ
東北新幹線の代表車両です。

山手線 E235系
スマホのような顔が特徴的。ドアの部分は緑色にぬられています。

ゆふいんの森
人気の温泉地でしられる湯布院へむかう観光特急。丸みをおびた外観はヨーロッパ風です。

グリーン車マーク
四葉のクローバーがシンボルマーク。グリーン車はゆったりした特別車両のひとつですが、外国の人にはつうじないので first（ふぁーすと）class（くらす）といいかえます。

white
白

800系 つばめ
一部の車内には九州の工芸品などがつかわれています。

東北エモーション
太平洋の車窓をながめながら食事ができる、団体旅行専用のレストラン列車です。

指宿のたまて箱
海側が白、山側が黒というぬりわけが特徴です。

あそぼーい！
親子席やあそび場がいっぱい！みんなが楽しめる列車です。

black
黒

はやとの風
桜島や霧島の山々をみながらはしります。

SL「やまぐち」号
SLは steam（すてぃーむ） locomotive（ろこもうてぃぶ）を短くした呼び名です。

方角(ほうがく)

今度(こんど)は、方角(ほうがく)をあらわす英語(えいご)を紹介(しょうかい)するよ！
列車名(れっしゃめい)やロゴにも、つかわれているんだね。

うぇすと west

にし 西 / きた 北 / ひがし 東 / みなみ 南

500系(けい) こだま
新大阪(しんおおさか)〜博多(はかた)間(かん)をむすぶ、JR西日本(じぇいあーるにしにほん)の新幹線(しんかんせん)。
車体(しゃたい)に"west（うぇすと）"の文字(もじ)がかかれています。

さうす south
みなみ 南

南海(なんかい)サザン・プレミアム 12000系(けい)
難波(なんば)〜和歌山市(わかやまし)間(かん)をはしる南海電気鉄道(なんかいでんきてつどう)の車両(しゃりょう)。
"southern（さざん）"は英語(えいご)で「南(みなみ)の」「南(みなみ)にある」という意味(いみ)です。

46

north
のーす

北 きた
西 にし　東 ひがし
南 みなみ

キハ183系(けい) ノースレインボーエクスプレス

北海道(ほっかいどう)で活躍(かつやく)する車両(しゃりょう)。"rainbow(れいんぼう)"は虹(にじ)の意味(いみ)です。色(いろ)のちがう5色(しょく)の車体(しゃたい)の5両編成(りょうへんせい)で、虹(にじ)をあらわしています。

east
いーすと

北 きた
西 にし　東 ひがし
南 みなみ

E926形(がた) イースト・アイ

JR東日本(じぇいあーるひがしにほん)の新幹線(しんかんせん)で活躍(かつやく)している、線路(せんろ)や電気(でんき)の検査(けんさ)をする車両(しゃりょう)です。

どうぶつ
動物

それぞれの列車に関係のある動物はどれかな？ ①～⑥ と ア～カ を線でつなごう。

スノータートル
カメのようにゆっくりはしって景色や体験を楽しむ北越急行のイベント列車。

①

たま電車
和歌山電鐵のネコ駅長"たま"にちなみ、電車の顔はネコ風、車体はネコの絵がいっぱいです。

②

レッドベア
北海道で貨物列車をひっぱってはしるディーゼル機関車です。エンジンで発電しモーターではしります。

③

ア
らいあん
lion
らいおん

イ
たーとる
turtle
かめ

ウ
まんきー
monkey
さる

48

快速ラビット

ウサギがジャンプするように東京から小山までの主要駅をむすんで宇都宮まで運転しています。

4

スノーモンキー

長野電鉄の終点、湯田中駅からいけるサルの温泉（地獄谷野猿公苑）にちなんだ特急です。

5

レオライナー

埼玉西武ライオンズのマスコット・レオにちなんだ西武山口線の車両です。

6

エ

きゃっと
cat
ねこ

オ

らびっと
rabbit
うさぎ

カ

べあ
bear
くま

※答えは 78 ページ→

駅のまわりでみられるものを英語で紹介するよ！

ここは駅のホーム。きいたことのある英語はあるかな？

アナウンスをきいてみよう

Ladies and gentlemen,
れぃでぃーず あんど じぇんとるめん

welcome aboard
うぇるかむ あぼーど

the Odoriko
ずぃ おどりこ

limited express
りみてっど いくすぷれす

bound for Tokyo.
ばうんど ふぉー とうきょう

意味 みなさま、特急踊り子 東京行きにご乗車ありがとうございます。

POINT

"aboard（あぼーど）"は「（列車や飛行機・バスなど）にのって」という意味です。「welcome（うぇるかむ）aboard（あぼーど）」で「ご乗車ありがとうございます」となります。
"bound（ばうんど）for（ふぉー）～"も車内放送にはよくでてくる言い方で、「～行きの」という意味です。

車内やホームでは、日本語の案内アナウンスの後に、英語の放送がながれていることがあるよ。きいたことがあるかな？ なんといっているのか、その一部を紹介するよ！

The next station is Atami.
（ざ ねくすと すていしょん いず あたみ）

意味　次は熱海です。

"next（ねくすと）station（すていしょん）is（いず）～" はとてもよくつかわれている表現です。

The doors on the right side will open.
（ざ どあーず おん ざ らいと さいど うぃる おぅぷん）

意味　出口は右側です。

どちらのドアがひらくのかを案内します。「左側」は "left（れふと）side（さいど）" です。

※ここで紹介しているアナウンスは一例です。アナウンスの内容はかわることがあります。

アナウンスをきいてみよう

Please change here for the Odakyu Line.
（ぷりーず ちぇぃんじ ひぃあ ふぉー ずい おだきゅう らいん）

意味 小田急線の乗りかえはこちらです。

POINT
"change（ちぇぃんじ）"は「かえる・変更する」、"here（ひぃあ）"は「ここで・ここへ」という意味です。また「乗りかえ」には下のアナウンスのように "transfer（とらんすふぁー）"をつかった表現もあります。

Take this train to transfer at Odawara to local train for Tokyo.
（ていく でぃす とれいん とぅー とらんすふぁー あっと おだわら とぅー ろーこお とれいん ふぉー とうきょう）

意味 この電車は小田原で各駅停車の東京行きにのりかえられます。

Please watch your step.

意味 足元に気をつけてください。

POINT "step（すてっぷ）"は「歩み・歩幅」という意味です。ホームとドアの間が広くあいているときなどに案内されます。

This train had 10-minute delay.

意味 この電車は10分おくれています。

"delay（でぃれい）"は「延期する・遅れ」という意味です。

種別表示のはなし

都会でもローカル線!?

英語で快速運転のことは rapid（らぴっど）service（さーびす）、各駅停車のことは local（ろーこお）train（とれいん）といいます。日本でもローカル線という言葉がつかわれているので、ローカルときくと、地方をはしる列車とおもいがちですが、都心をはしる山手線のような電車も各駅停車なら local（ろーこお）train（とれいん）です。

京成電鉄の行き先表示には「Local」の文字がみえます。

「express」のいろいろ

急行は express（いくすぷれす）、特急は limited（りみてっど）express（いくすぷれす）と英語にすることが多いですが、欧米では、急行と特急を区別しないのが一般的です。Orient（おりえんと）Express（いくすぷれす）「オリエント急行」、Glacier（ぐれいしゃー）Express（いくすぷれす）「氷河急行」という有名な列車がありますが、どちらもとても豪華な特急列車です。日本でも Sunrise（さんらいず）Express（いくすぷれす）、Narita Express（いくすぷれす）といった文字が車体にかかれた特急があります。いずれも、特急なのに単に express（いくすぷれす）としています。英語としては、これで充分つうじるのです。

箱根ラリック美術館にはオリエント急行のサロンカーがあり、車内でティータイムをたのしむことができます。

寝台特急サンライズ瀬戸・サンライズ出雲のロゴマーク▶

60

Lesson 3
英語をかいてみよう！

アルファベットや英単語を自分でかいてみよう！
パズルや迷路もあるよ！

いろいろなアルファベットや

Level 1

文字をなぞって列車名を完成させよう！

E5系（いー けい）

SL人吉（えすえる ひとよし）

N700A（えぬ えー）

英単語をかいてみよう

Level 2

ドクター イエロー
yellow

グリーンムーバー マックス
max

ハイレール
HIGH RAIL 1375

ななつぼし
seven stars in 九州

Level 3

うすくかいてある字をなぞったあと、数回練習してみよう。

❶改札

gate

❷出口

exit

❸時計

clock

❹博物館

museum

❺窓
window

❻トイレ
restroom

❼時刻表
timetable

❽ホーム
platform

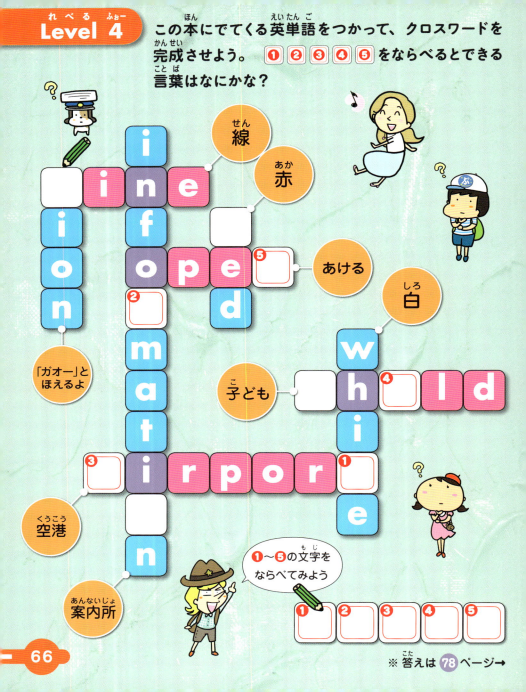

駅や列車でみかける ABC
その❸ 車内編

たくさんあるんだね！

乗務員室
くるー おんりー
crew only

あき
ゔぇいきゃんしー
vacancy

使用中
おきゅぱいど
occupied

非常通話装置
えまーじぇんしー
emergency
こーる
call

優先席
ぷらいおりてぃー しーと
priority seat

68

Lesson 4
ローマ字にしたしもう！

駅や列車でみかけるアルファベットには、
英語だけでなく、
日本の言葉をアルファベットであらわした
「ローマ字」もたくさんあるんだ。
ここではそんな「ローマ字」について紹介するよ！

ローマ字表をみてみよう

	a	i	u	e	o
	あ a	い i	う u	え e	お o
k	か ka	き ki	く ku	け ke	こ ko
s	さ sa	し shi (si)	す su	せ se	そ so
t	た ta	ち chi (ti)	つ tsu (tu)	て te	と to
n	な na	に ni	ぬ nu	ね ne	の no
h	は ha	ひ hi	ふ fu (hu)	へ he	ほ ho
m	ま ma	み mi	む mu	め me	も mo
y	や ya		ゆ yu		よ yo
r	ら ra	り ri	る ru	れ re	ろ ro
w	わ wa				を o (wo)
	ん n				

※ 複数の表記の仕方があるものについては（　）で記載しています。学校では（　）内のつづりを学習する

日本語の五十音を、アルファベットをつかってあらわしたものがローマ字です。ローマ字は英語ではありませんが、日本の文字がよめない外国の人でもよみやすいので、地名や人名を表示するときによくつかわれます。

	a	i	u	e	o
g	が ga	ぎ gi	ぐ gu	げ ge	ご go
z	ざ za	じ ji (zi)	ず zu	ぜ ze	ぞ zo
d	だ da	ぢ ji (zi)	づ zu	で de	ど do
b	ば ba	び bi	ぶ bu	べ be	ぼ bo
p	ぱ pa	ぴ pi	ぷ pu	ぺ pe	ぽ po

k	きゃ kya	きゅ kyu	きょ kyo
s	しゃ sha (sya)	しゅ shu (syu)	しょ sho (syo)
c	ちゃ cha (tya)	ちゅ chu (tyu)	ちょ cho (tyo)
n	にゃ nya	にゅ nyu	にょ nyo
h	ひゃ hya	ひゅ hyu	ひょ hyo
m	みゃ mya	みゅ myu	みょ myo
r	りゃ rya	りゅ ryu	りょ ryo

g	ぎゃ gya	ぎゅ gyu	ぎょ gyo
j	じゃ ja (zya)	じゅ ju (zyu)	じょ jo (zyo)
j	ぢゃ ja (zya)	ぢゅ ju (zyu)	ぢょ jo (zyo)
b	びゃ bya	びゅ byu	びょ byo
p	ぴゃ pya	ぴゅ pyu	ぴょ pyo

ことが多いですが、この本ではふだんの生活でよく目にするつづりを中心に紹介しています。

駅名をローマ字でよんでみ

新幹線がとまるおもな駅をローマ字で紹介するよ！

※「大阪」の「おお」のような、のばす音をあらわすときは、その音のa・i・u・e・oの上に「ー」をつけます。
※ 人名や地名をローマ字であらわす場合、はじめの文字を大文字にします。

よう

Jōetsu-Shinkansen
じょうえつしんかんせん
上越新幹線

Akita-Shinkansen
あきたしんかんせん
秋田新幹線

Shin-Hakodate-Hokuto
しんはこだてほくと
新函館北斗

Hokkaidō-Shinkansen
ほっかいどうしんかんせん
北海道新幹線

Ōmagari
おおまがり
大曲

Shin-Aomori
しんあおもり
新青森

Toyama
とやま
富山

Akita
あきた
秋田

Tōhoku-Shinkansen
とうほくしんかんせん
東北新幹線

Nagano
ながの
長野

Shinjō
しんじょう
新庄

Niigata
にいがた
新潟

Morioka
もりおか
盛岡

Yamagata
やまがた
山形

Sendai
せんだい
仙台

Fukushima
ふくしま
福島

Echigo-Yuzawa
えちごゆざわ
越後湯沢

Tōkyō
とうきょう
東京

Ōmiya
おおみや
大宮

Takasaki
たかさき
高崎

Yamagata-Shinkansen
やまがたしんかんせん
山形新幹線

Shin-Yokohama
しんよこはま
新横浜

73

もっとローマ字をよんでみよう

車両にローマ字がかかれているよ。
なんてよむのかな？

ローマ字の読みかたをひらがなでかきこもう！

Fu	ji	to	za	n

de	n	sha

大月～河口湖間をはしる富士急行の電車です。

U	mi	sa	chi

Ya	ma	sa	chi

日本神話の神様にちなんで名前がつけられた、日南線の観光列車です。

74

Ka　wa　se　mi

Ya　ma　se　mi

きれいな川のそばにすむ鳥の名前からつけられた列車名です。

To　ka　chi

札幌と帯広をむすぶディーゼル特急です。

四国まんなか

se　n　ne　n

ものがたり

土讃線をはしる観光列車です。

※答えは 79 ページ→

✏️ きみのことをおしえてね！

 70〜71ページの ローマ字表を 参考にしてね！

 大文字や小文字の 線の位置に気をつけて かいてみよう！

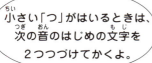 小さい「つ」がはいるときは、 次の音のはじめの文字を 2つつづけてかくよ。

ぷっち

Pucchi